PALAIS DE JUSTICE DE GAND.

Bruxelles d'après les projets de Mr Vilain.

Lith. de F. Rotsail à Douai.

NOTICE

SUR

L'ÉTABLISSEMENT

DE

BAINS DE MER

DE CALAIS.

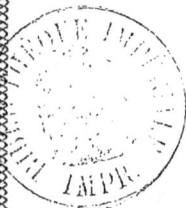

Les secours, la bonté des Calaisiens, mes dangers et mes malheurs m'ont conquis le droit de me croire un de leurs concitoyens. Est-il un titre plus honorable ?

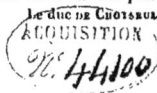

Le duc DE CHOISEUL.

Calais.

IMPRIMERIE D'ANT. LELEUX, RUE ROYALE.

—

1837.

NOTICE

SUR L'ÉTABLISSEMENT

DE

BAINS DE MER

DE CALAIS.

Les Bains de Mer sont devenus une nécessité, un véritable besoin ; c'est un agent thérapeutique dont les praticiens modernes ont su tirer encore un meilleur parti que l'ancienne médecine, en considérant avec raison l'eau de mer comme une eau minérale aussi précieuse que ces sources si vantées vers lesquelles se dirigent à grands frais chaque année tant de personnes des deux sexes, dans l'espoir d'y trouver un remède à leurs maux. Les propriétés hygiéniques et médicales de l'eau de mer, mieux constatées de nos jours, par un grand nombre d'observations et de faits authentiques, doivent donner, d'année en année, plus d'extension à ce moyen conseillé, non seulement pour conserver la santé, mais encore pour guérir une foule de maladies rebelles dont le bain de mer doit achever la cure.

La position topographique de la ville de Calais, bâtie sur l'angle le plus saillant du détroit qui porte son nom, au point le plus rapproché de l'Angleterre, dont elle n'est séparée que par une distance d'environ trois myriamètres (sept lieues), l'appelait depuis long-temps à former un établissement de bains de mer, dont ses habitans et les étrangers qui s'y pressent dans la belle saison, avaient senti le besoin ; aussi est-ce avec empressement qu'on a accueilli le projet d'un de ces établissemens si utiles à l'humanité, et que le patriotisme proposait.

Nulle plage en effet ne pouvait offrir plus d'avantages que la nôtre ; partout elle présente la plus grande sécurité aux baigneurs, soit pour nager, soit pour prendre des bains à la lame ou par immersion plus ou moins prolongée ; elle est plate, en pente peu sensible, et couverte d'un sable fin, sans rochers ni récifs; l'eau y acquiert assez vite en été une douce température par l'effet des rayons solaires.

C'est sur le plateau qui domine cette plage, au milieu de jardins dessinés avec goût, qu'on a élevé le monument élégant dont nous nous occupons.

Il comprend salon, chambre de repos, salles de lecture, rafraîchissemens, etc., avec tous les dégagemens et accessoires désirables. On y a réuni tous les délassemens et distractions qui peuvent être agréables, tels que la danse, la musique, la lecture de journaux et écrits périodiques français et étrangers, billard et autres jeux autorisés.

Une partie de l'intérieur est spécialement consacrée aux dames ; un piano y est mis à leur disposition.

Un escalier commode conduit à une belle plate-forme qui recouvre tout l'édifice ; des tentes y sont disposées pour mettre les visiteurs à l'abri de l'ardeur du soleil. De là, on jouit du coup d'œil le plus varié ; la vue embrasse à la fois la tour du phare, l'église en forme de croix latine et sa flèche octogone ; la campanille si pittoresque de l'hôtel-de-ville, coquettement découpée à jour en gracieuse pyramide, et qui rappelle les délicates constructions du moyen-âge ; le fort Risban, dont les créneaux sont illustrés par les premières armes de Crillon à peine sorti de l'enfance, qui révéla dès lors ce qu'il serait un jour, renfermant une tour à toit conique à laquelle on attribue une origine romaine ; (*) une partie de la jetée de l'est ; la colonne élevée en 1814 en commémoration du débarquement de Louis XVIII ; le monument funéraire de Gavet et Mareschal ; (**) le Courgain qui, comme la

(*) On a dit souvent que la base du Risban reposait sur des balles de laine, parce que c'est avec les deniers provenant d'un impôt sur cette marchandise qu'on paya les frais de cette fortification.

(**) Ce monument fut élevé en 1791 par les amis de la Constitution ; il porte l'inscription suivante :

A GAVET ET MARESCHAL,
CITOYENS DE CALAIS ;
ILS ONT ÉTÉ ENSEVELIS DANS LES FLOTS
EN SAUVANT DES NAUFRAGÉS
LE 18 OCTOBRE 1791 ;
DEVOSSE ET LEGROS LES ACCOMPAGNÈRENT

Beurrière de Boulogne et le Pollet à Dieppe, n'est habité que par les pêcheurs et les autres marins.

Plus loin, derrière la ville, se déroule le rideau des villages et hameaux adossés aux collines boisées du Calaisis, la route de Paris; ici, le fort Nieulai élevé sur les ruines des fortifications faites par Charlemagne pour défendre les côtes de la Morinie contre les attaques des peuplades du Nord, le cap Blanez qui abrite la ville; là, le château de Douvres, la mer que bornent les falaises de l'Angleterre qui échange annuellement avec nous environ 50,000 voyageurs, dont les manières et le costume offrent autant de diversité que le langage; la rade sillonnée en tous sens par les navires de différentes nations qui font voiles pour la mer du Nord ou pour la Méditerranée; le fort Rouge; l'entrée du port qu'animent les nombreux bateaux à vapeur de Douvres, Ramsgate et Londres qui s'y

AVEC PLUS DE BONHEUR.

LE MÊME JOUR, VINGT-UN MATELOTS

PRÈS D'ÊTRE SUBMERGÉS,

DURENT LA VIE A QUATRE AUTRES CITOYENS

DE CALAIS:

MASCOT, LOUIS WALLE, LOUIS DESOBIER,

MARC NOEL.

PLUS HEUREUX EN 1784,

MAIS NON MOINS INTRÉPIDE,

GAVET ARRACHA A LA MORT UN MARIN,

SEUL RESTE D'UN ÉQUIPAGE NAUFRAGÉ.

De pareils traits d'intrépidité rappellent les plus beaux temps d'Athène et de Sparte, et l'on dit avec Diderot : « Quel regret, quelle vénération ne méritent pas de tels hommes ! »

donnent rendez-vous; la plage que couvrent les légères et commodes voitures-baignoires; tout enfin concourt à faire de ces tableaux un panorama charmant. Quelques pas nous séparent à peine des ruines du Château qui commandait le port et contenait la ville, puisqu'il était à l'extrémité N. O. du parallélogramme que formait notre cité sous la domination anglaise; ici les souvenirs se pressent en foule. Édouard III couronne Eustache de Ribeaumont comme *le mieux combattant de la journée*, et renvoie sans rançon le brave chevalier qui deux fois l'a terrassé. Le malheureux roi Jean habita ce château qui, plus tard, vit célébrer les noces brillantes de Richard II et d'Isabelle de France. Henri VII vient demander à la salubrité de notre pays un abri contre les ravages que la peste exerçait dans toute l'étendue de l'Angleterre; et pendant un séjour de deux mois sur la rive calaisienne, aucun fâcheux symptôme ne troubla l'égoïste tranquillité de la nombreuse cour qui entourait le monarque. C'est dans la chapelle du château que l'infortunée Anne Boleyn reçut l'anneau nuptial de son royal époux, et quand la passion effrénée de Henri VIII l'eut entraîné vers une nouvelle beauté, c'est le bourreau de Calais qui fut appelé pour trancher la tête à la mère d'Élizabeth.

Calais ne le cède en rien à aucune ville du littoral de la Manche pour l'élégance de ses constructions, la régularité et la propreté de ses rues; ses édifices anciens et modernes lui donnent un air qui frappe l'artiste et lui plaît.

On l'a déjà dit, il n'y a peut-être pas dans l'univers de ville qui ait été plus souvent le théâtre d'affligeantes vicissitudes pendant les horreurs de la guerre, ou de faits intéressans en tems de paix que la ville de Calais, et certainement aucune dont les murs aient reçu tant d'illustres visiteurs dans leur vénérable enceinte.

C'est des rives du Pas-de-Calais que Jules César partit avec sa flotte pour aller ajouter la Grande-Bretagne aux conquêtes des Romains. Qui ne connaît le long siége que Calais soutint contre Édouard III d'Angleterre, et l'admirable dévouement de ses six bourgeois ayant à leur tête Eustache de Saint-Pierre, qui, les pieds et la tête nus, la corde au cou, vinrent apporter au vainqueur leur vie et les clefs de la ville, pour prix de leur courage : on voit encore la maison d'Eustache au coin de la rue qui porte son nom ; une inscription rappelle en peu de mots son héroïsme et celui de ses compagnons (*).

Calais resta pendant deux siècles au pouvoir des Anglais (**) et leur fut repris en huit jours (1558) par le duc François de Guise, que l'enthousiasme

(*) Dans le xive siècle, cette rue s'appelait Pedrowe, du nom d'un célèbre marin calaisien qui l'habitait, et qui s'est particulièrement distingué dans le combat naval du 10 août 1304, livré sous les murs de Zériczée, dont le résultat fut la défaite de la flotte flamande. Il est généralement connu sous le nom de Jean de Calais.

(**) Au milieu de la rue Saint-Denis, il y a une maison dont l'origine anglaise est clairement constatée ; sur sa façade on lit le distique suivant, tracé en vieux caractères :

public salua du nom de libérateur de Calais et sauveur de la France. Dans la rue de Guise, subsistent encore les restes du palais qu'Henri II lui donna à cette occasion.

Pendant les guerres de la Ligue, les Calaisiens restèrent constamment fidèles au parti d'Henri IV. — C'est entre Guînes et Ardres, à trois lieues de Calais, qu'eut lieu, entre François Ier et Henri VIII, l'entrevue dite du Camp du drap d'or, à cause du luxe que les deux monarques y déployèrent. Plusieurs seigneurs, dit du Bellay, y portaient sur leurs épaules leurs prés, moulins et bois de haute et basse futaies.

A peine hors de la basse-ville, où de chaque côté on a rencontré des usines de tous genres et de nombreuses fabriques de tulle, on ne peut faire un pas sans fouler aux pieds quelques reliques ou heurter quelque ruine du moyen âge. A gauche est Marck, autrefois ville maritime d'une grande importance, et qui n'est plus aujourd'hui que la commune la plus étendue du département. On y voit encore des vestiges de ses fortifications et de son château. Le traité de paix de Nerac et l'édit de Nantes y maintinrent le temple protestant qu'une fatale politique a détruit depuis; on s'accorde

GOD ME SPEED

IN ALL MY DEED.

M. Morel-Disque pense que cette maison et la tour qu'elle supporte, ont été bâties par un lord Guildford dont la famille avait été disgraciée en Angleterre, et qui, déterminé à ne jamais retourner dans son pays, passait, dans sa vieillesse, une partie de son temps à regarder les côtes lointaines de sa patrie.

assez généralement à placer en cet endroit le lieu désigné dans la notice de l'Empire Romain sous le nom de Marci. Marck, autrefois Merck, avait une commune et des lois particulières. — Le pont à quatre branches, communément nommé Pont-sans-Pareil, se trouve à l'extrémité méridionale du territoire de Marck; ce pont est élevé au point même où le canal de Saint-Omer coupe celui d'Ardres à angle droit. Bélidor le cite comme un chef-d'œuvre dans son genre. Devant soi, on trouve Hâmes, la dernière forteresse que l'Angleterre posséda en France. Cet antique château, berceau d'une famille distinguée, s'est vu transformé en prison d'état pendant les troubles causés par la rivalité des maisons d'York et de Lancastre; et sous Henri VI, le comte d'Oxford, condamné à y mourir de faim, ne put être sauvé par sa fidèle épouse qui allait par les villages mendiant un morceau de pain pour son mari.

Près de Hâmes s'élève Guînes, petite ville, que son heureuse position tend à accroître chaque jour; c'était jadis une forteresse très importante, souvent disputée, avec des succès divers, par les Anglais et les Français, et que le duc de Guise fit démanteler après sa conquête. Sifrid le Danois, qui fut premier comte de Guînes, avait arraché ce démembrement du comté de Flandre à Arnould Ier qui finit par traiter avec lui, et dont il gagna si bien l'amitié que le comte de Flandre lui fit épouser sa sœur, en lui donnant pour dot la terre usurpée. Beaudoin II, comte de Guînes, *le justicier admirable*, s'est distingué par sa valeur et ses vertus, et surtout par la protection éclairée qu'il accorda aux lettres et aux beaux-arts. C'est à lui que nous devons les premières traductions que l'on connaisse en langue romane. Parmi les écrivains qui travaillaient à sa cour, vers la fin du XIIᵉ siècle, on remarque Hésard de Haldehem, son bibliothécaire, Landry de Walanio, maître Geoffroi, Simon de Boulogne, Alfrius et le bailli d'Ardres Gautier, auteur d'un roman intitulé *le Silence*. C'est Beaudoin II qui le premier importa dans ce pays les orgues d'église.

Le dernier seigneur de Guînes fut Raoul III, que le roi Jean fit décapiter, à Paris, devant l'hôtel de Nesle, *à l'heure des matines*. Le soupçon de haute trahison fut le motif de cette exécution.

Plus loin, derrière Guînes, est le village de Fiennes, défendu autrefois par un château fort dont on voit encore aujourd'hui d'imposantes ruines. Ce château a vu naître de célèbres guerriers, au nombre desquels on remarque particulièrement sire Robert dit Moreau de Fiennes, connétable de France au XIVᵉ siècle, et Jean de Fiennes qui fit partie de l'armée de Guillaume-le-Conquérant, et que ce prince nomma aux plus hautes dignités; c'est lui qui a bâti le château de Douvres. On voit près de Fiennes les belles ruines de l'abbaye de Beaulieu, fondée par Eustache II surnommé le vieux seigneur de Fiennes, pour y déposer la coupe dont on prétend que Jésus-Christ s'était servi lorsqu'il célébra la Cène avec ses disciples. Ce pieux chevalier, qui avait vaillamment combattu à côté de son parent Godefroi de Bouillon, avait obtenu cette précieuse relique pour sa part dans les dépouilles de Jérusalem. Des religieux irlandais de la congrégation d'Arrouaise obtinrent, au commencement du siècle dernier, de relever cette abbaye ruinée tour à tour par les Anglais, les Français et les Flamands, mais les nombreux obstacles qu'ils rencontrèrent les empêchèrent de mettre leur projet à exécution.

A droite Fréthun, où l'on trouva il y a quelques années des ossemens humains gigantesques. Fréthun avait aussi un château, mais il fut rasé par Henri V d'Angleterre, qui voulut punir la hardiesse de Guilbert de Fréthun, lequel l'avait défié au combat et avait ravagé les côtes d'Angleterre.

Sangate apparaît au loin au pied du Blanez, à l'extrémité occidentale de cette vaste étendue de plaines qui en a tiré son nom de *pays bas*. Quelques pas en avant du village, on remarque les vestiges de l'ancien château, saccagé plusieurs fois, entr'autres en 1209 par Philippe-Auguste, qui avait épousé la querelle de Renaud de Dammartin contre Arnould de Guînes. Par le traité de Bretigny, en 1360, ce château fut donné avec celui de Hâmes, par Baudoin de Sangate, Enguerrand et Guillaume de Hâmes, pour servir le roi Jean, alors prisonnier en Angleterre, *en sa délivrance et ayder au bien public de la paix du royaume*. Sur la crête du mont, on découvre les traces d'un camp connu dans le pays sous le nom de *Jardin*

Madame. Ces constructions, qui disparaissent peu à peu avec la tranche que la mer enlève chaque année à la falaise que ces vestiges couronnent, ont exercé la sagacité des savans; les uns y ont vu l'ouvrage de Jules César qui voulait défendre les approches du Portus Itius; d'autres ne pensent pas que l'origine en soit aussi ancienne, ils en attribuent la construction à Philippe de Valois, qui sentait le besoin de contenir l'armée anglaise menaçant à chaque instant de faire irruption sur la terre de France.

Calais a de tout temps produit des personnes remarquables, parmi lesquelles nous citerons Molyneux, chancelier d'Irlande sous la reine Elizabeth; le père Dutertre, Dominicain, auteur d'une histoire estimée des Antilles habitées par les Français; George Maréchal, nommé en 1706 premier chirurgien de Louis XIV; Morange, compositeur, dont la musique est pleine de chants gracieux; le littérateur Delaplace, un des savans du dernier siècle; Blanquart de Sept-Fontaines, membre de l'Académie des Sciences; Alexandrine Bonaparte, née de Bleschamps, et le spirituel Pigault-Lebrun, romancier si fécond.

Citer les noms des beaux hôtels garnis de la ville serait superflu, leur réputation d'élégance et de commodité est plus qu'européenne; nous dirons qu'ils continuent par leurs soins à mériter la préférence et le patronage des étrangers. Tous ces hôtels ont des bains d'eau douce et d'eau de mer chauds.

Les familles qui, désirant séjourner toute la saison à

Calais, préfèrent le *comfort* du chez soi, pourront s'y procurer des appartemens garnis. Des docteurs en médecine des universités de France et d'Angleterre y sont établis. On trouve en ville des pensionnats des deux sexes et des professeurs de sciences et d'arts recommandables par leurs talens.

Il existe encore à Calais :

Un Spectacle sédentaire ;

Deux Cercles Littéraires ;

Un Salon de Lecture pour les étrangers, rue Royale, n° 6 ;

Une Société d'Agriculture, du Commerce et des Arts ;

Une Église paroissiale catholique qui possède une Descente de Croix de Rubens et une Assomption de la Vierge peinte par Gérard Seghers ; Millin, dans ses antiquités nationales, parle du retable du maître-autel comme de l'un des plus beaux qu'il y ait en France ; il est dû au ciseau d'Adam Lottman, sculpteur de Valenciennes (*) ;

(*) John Bourchier, lord Berners, l'un des hommes le plus distingués de l'Angleterre à cette époque, est enterré dans le chœur. Peut-être sa pierre sépulchrale que l'on a fait disparaître lorsque la libéralité de M. Etienne Bridault l'enrichit d'un pavement en marbre (1780) a-t-elle été placée dans le bas côté à gauche vis-à-vis le crucifix. Berners était gouverneur de Calais ; sa mort est du 16 mars 1533. Nous lui devons entr'antres ouvrages une traduction anglaise de Froissart faite par ordre de Henri VIII ; il a composé une comédie qui n'est pas venue jusqu'à nous et qui était représentée dans l'église même, chaque dimanche, à l'issue des vêpres ; elle avait pour titre : *Ite in vineam.*

Un Temple protestant;

Une Bibliothèque publique;

Une Société Humaine;

Deux Journaux hebdomadaires;

Une Société Philharmonique.

C'est dans le Musée de Calais que l'on conserve le ballon et la nacelle dont le célèbre aéronaute Blanchard et le docteur Jefferies se servirent en 1785 pour traverser le détroit (*).

A chaque marée on trouve dans son port des bateaux à vapeur qui conduisent à Douvres les voyageurs en deux heures et demie (**).

Par terre les communications sont très actives; les messageries royales et Laffitte, Caillard et compagnie, font trois fois par jour le service de la route de Paris et *vice versâ*.

D'autres entreprises sont établies sur les autres routes et partent également deux fois par jour pour Boulogne, Saint-Omer, Dunkerque, Lille, Bruxelles; elles ont des correspondances avec l'Allemagne et le Nord.

(*) Ils allèrent descendre dans la forêt de Guines après une traversée d'environ deux heures. Un obélisque élevé par les soins des habitans de Guines à l'endroit même où ils prirent terre, rappelle l'heureux succès de cette entreprise jusque là sans exemple.

(**) L'heureuse situation du port de Calais lui assure une supériorité incontestable. Il est à remarquer que depuis vingt-deux ans on n'a eu à déplorer aucun accident sérieux.

Les grands travaux qui s'y exécutent ne peuvent qu'ajouter à ses avantages.

On peut en tout temps se procurer en ville des voi-
tures de toute espèce, commodes et légères.

Les lettres et les journaux de Paris, qui sont trans-
portés par une malle-estafette; sont distribués seize
heures après leur départ de la capitale. La poste met
ordinairement vingt-deux heures pour s'y rendre.

L'aménité reconnue des habitans, désireux de bien
recevoir leurs visiteurs, est un sûr garant pour les ama-
teurs de bains de la réception affable qui les attend.

Enfin l'administration a réuni l'utile à l'agréable pour
rendre à la fois le bain de mer avantageux à la santé et
un passe-temps plein d'attraits.

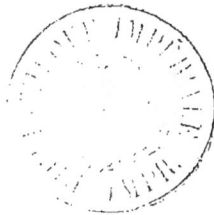

www.ingramcontent.com/pod-product-compliance
Lightning Source LLC
Chambersburg PA
CBHW060730280326
41933CB00013B/2590